¿Quién fue George Washington?

WASHINGTON

¿Quién fue George Washington?

Por Roberta Edwards

Ilustrado por True Kelley

Traducido del inglés por Santiago Ochoa

Grosset & Dunlap
An Imprint of Penguin Group (USA) Inc.

GROSSET & DUNLAP
Published by the Penguin Group
Penguin Group (USA) Inc., 375 Hudson Street, New York, New York 10014, USA
Penguin Group (Canada), 90 Eglinton Avenue East, Suite 700, Toronto, Ontario M4P 2Y3, Canada
(a division of Pearson Penguin Canada Inc.)
Penguin Books Ltd., 80 Strand, London WC2R 0RL, England
Penguin Group Ireland, 25 St. Stephen's Green, Dublin 2, Ireland
(a division of Penguin Books Ltd.)
Penguin Group (Australia), 250 Camberwell Road, Camberwell, Victoria 3124, Australia
(a division of Pearson Australia Group Pty. Ltd.)
Penguin Books India Pvt. Ltd., 11 Community Centre, Panchsheel Park, New Delhi—110 017, India
Penguin Group (NZ), 67 Apollo Drive, Rosedale, Auckland 0632, New Zealand
(a division of Pearson New Zealand Ltd.)
Penguin Books (South Africa) (Pty.) Ltd., 24 Sturdee Avenue,
Rosebank, Johannesburg 2196, South Africa

Penguin Books Ltd., Registered Offices: 80 Strand, London WC2R 0RL, England

Spanish translation by Santiago Ochoa.

The Library of Congress has cataloged the original English edition
under the following Control Number: 2008022377

ISBN 978-0-448-45854-0   10 9 8 7 6 5 4 3 2 1

Contenido

¿Quién fue George Washington?

1783

Después de combatir durante siete largos años, la guerra finalmente terminó. Los soldados americanos habían derrotado al poderoso Ejército británico. Las trece colonias ya eran independientes.

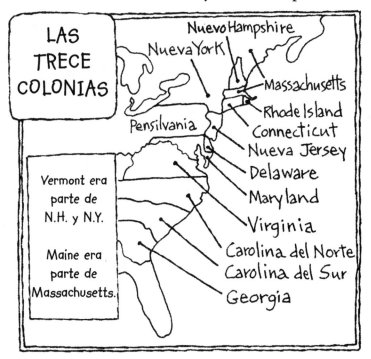

LAS TRECE COLONIAS

Nuevo Hampshire
Nueva York
Massachusetts
Rhode Island
Connecticut
Pensilvania
Nueva Jersey
Delaware
Maryland
Virginia
Carolina del Norte
Carolina del Sur
Georgia

Vermont era parte de N.H. y N.Y.

Maine era parte de Massachusetts.

Los barcos llenos de soldados británicos regresaron a Inglaterra. De allí en adelante, nadie en América tenía que obedecer al rey Jorge. Se crearía un nuevo país con trece estados unidos.

Y, ¿cuál era la opción número uno cuando llegó la hora de elegir al primer presidente en 1789? Obviamente, George Washington.

George Washington había sido el general más importante durante la guerra. No era el tipo de general que sólo daba órdenes y veía combatir a los soldados. Él también participaba muchas veces en la batalla. Sin embargo, Washington nunca fue herido, ¡ni siquiera una sola vez! Además de ser valiente, también era inteligente, leal, honesto y justo, todo lo que un líder debería ser. ¿Habríamos ganado la guerra sin él? Mucha gente cree que no.

No fue ninguna sorpresa que ganara las primeras elecciones para presidente. Sin embargo, no se alegró cuando lo supo. En absoluto. Le encantaba estar en su hermosa casa de Mount

CASA DE MOUNT VERNON

Vernon, Virginia. Tenía cincuenta y siete años y esperaba pasar el resto de su vida allí, con su esposa Martha y sus dos nietos menores.

Se esperaba mucho de él, ya que era el primer presidente. Y aunque nos parezca extraño, a George Washington le preocupaba no estar a la altura de su cargo.

El cargo de presidente no era el que más le gustaba.

Pero muchas personas dijeron que sólo apoyarían al nuevo gobierno si George

Washington era el presidente. Y antes que nada, él quería que el nuevo gobierno funcionara.

Entonces aceptó y se dirigió a Nueva York, donde tomaría el cargo.

UNA FIESTA EN TRENTON, NUEVA JERSEY

Durante cada parada en el camino, había fiestas y desfiles en su honor, justamente lo que no quería George.

Actualmente, muchos políticos pueden planear sus carreras presidenciales durante varios años. Se gastan millones de dólares en las campañas. Y sin embargo, el hombre conocido como el "padre de nuestro país", se sentía como "un criminal yendo a su ejecución". Lo único que quería era permanecer en casa y cazar zorros.

Capítulo 1
Un niño de Virginia

La noche del 22 de febrero de 1732, Augustine Washington se sentó a la mesa a la luz de una vela. Tenía abierta una Biblia a su lado. Gus, como lo llamaba todo el mundo, cultivaba tabaco en la colonia de Virginia. Con un bolígrafo hecho de la pluma de un pavo, escribió el nombre de su hijo—George—quien había nacido esa misma mañana.

Mary, la madre de George, era la segunda esposa de Gus (su primera esposa había muerto, dejándolo con dos hijos adolescentes). Una noche, no mucho antes de que George naciera, un rayo derribó la chimenea de la casa de los Washington y mató a una mujer que estaba visitando a Mary. A ella le preocupó que el rayo fuera señal de mala suerte. Eso podría ser señal de que a su bebé le fuera a pasar algo malo. La gente decía que él se parecía a su madre. George creció y fue un joven alto y atlético. Le gustaba montar a caballo por el campo. Años más tarde fue conocido como el mejor jinete de Virginia.

LA GRANJA FERRY

Cuando George tenía unos siete años, su familia se mudó a la granja Ferry. Por esa época, George tenía una hermana menor, Betty, y tres hermanos jóvenes: Samuel, John y Charles (la gente decía que George y Betty eran muy parecidos. Cuando era adulta, ella hacía imitaciones divertidas de su famoso hermano).

No se sabe cómo se llevaban George y su padre. Pero sabemos que él no era muy cercano a su madre. Mary Washington era una mujer fría y autoritaria. Todos los amigos de George le tenían miedo. Curiosamente, ella nunca se enorgulleció de su hijo mayor, ni siquiera cuando fue presidente. Las cartas que él le escribía comenzaban con "Honrada Señora", en lugar de "Querida Madre". George tampoco le presentó nunca a su esposa Marta.

UNA VIDA FAMOSA

MUCHAS GENERACIONES DE NIÑOS EN EDAD ESCOLAR HAN APRENDIDO LA HISTORIA DE GEORGE WASHINGTON TALANDO UN CEREZO EN LA GRANJA DE SU FAMILIA. CUANDO SU PADRE PREGUNTÓ ENOJADO QUIEN HABÍA HECHO ALGO TAN TERRIBLE, GEORGE CONFESÓ DE INMEDIATO. "NO PUEDO DECIR MENTIRAS", DIJO. "PAPÁ, FUI YO QUIEN CORTÓ EL ÁRBOL." ESTA HISTORIA DEMUESTRA LA HONESTIDAD DE GEORGE, INCLUSO DESDE QUE ERA UN NIÑO PEQUEÑO.

SIN EMBARGO, LA HISTORIA ES COMPLETAMENTE INVENTADA. POCO DESPUÉS DE LA MUERTE DE WASHINGTON, UN HOMBRE LLAMADO MASON LOCKE WEEMS ESCRIBIÓ UN LIBRO SOBRE EL PRIMER PRESIDENTE. WEEMS QUERÍA QUE WASHINGTON PARECIERA PERFECTO, E INVENTÓ HISTORIAS COMO LA DEL CEREZO. PASARON MÁS DE CIEN AÑOS PARA QUE SE DESCUBRIERA LA VERDAD DE LO QUE DECÍA ESTE LIBRO FALSO.

LA MADRE DE GEORGE

Lawrence, su hermano medio, era la persona que George más quería en el mundo. Lawrence era el hijo mayor de Gus. Era catorce años mayor que George y había estudiado en Inglaterra. Sabía griego y latín. Se vestía y se comportaba como todo un caballero.

Su familia no tenía dinero para enviar a George a estudiar en Inglaterra, así que fue educado en casa, probablemente por su padre y por Lawrence. George era muy bueno para las matemáticas. Los números se le daban con facilidad. Pero tenía una ortografía terrible, y toda su vida se avergonzó de esto.

El padre de George murió cuando éste tenía sólo once años.

LAWRENCE WASHINGTON, EL HERMANO MEDIO DE GEORGE

Sombrero tricornio

Stock (Bufanda para el cuello)

EL ATUENDO DE UN CABALLERO AMERICANO

Abrigo ajustado

Chaleco

Bastón

Calzones

Botas de cuero

De vez en cuando, George era invitado a pasar largas temporadas en Mount Vernon, el hogar de Lawrence y de Ann Fairfax, su nueva esposa. A George le encantaba estar allí. En 1746, lo invitaron a vivir con ellos. Y él aceptó (seguramente también le alegró estar lejos de su madre).

Capítulo 2
Mount Vernon

En Mount Vernon, un nuevo mundo se abrió para George. Se relacionó con las familias más ricas de Virginia. Participaba en cacerías de zorros y en fiestas elegantes. Era tímido y un poco torpe, y sentía un gran deseo de encajar. Entonces, tomó clases de baile (y llegó a ser un gran bailarín).

¡Mount Vernon tenía 8,000 acres!

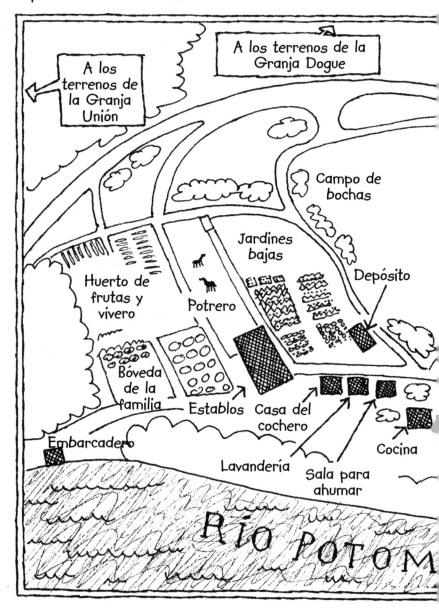

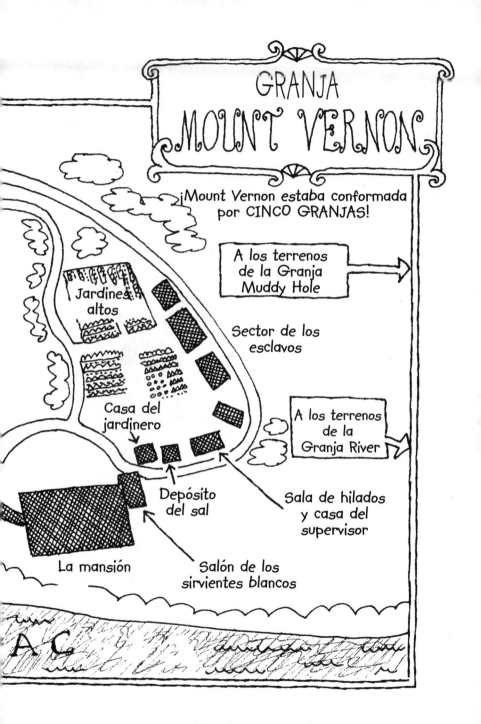

GRANJA MOUNT VERNON

¡Mount Vernon estaba conformada por CINCO GRANJAS!

A los terrenos de la Granja Muddy Hole →

Jardines altos

Sector de los esclavos

A los terrenos de la Granja River →

Casa del jardinero

Depósito del sal

Sala de hilados y casa del supervisor

La mansión

Salón de los sirvientes blancos

A C

George tomó clases de esgrima y de música. Se vistió mejor. Escribió una lista de reglas sobre buenos modales. Una de las reglas era no escupir en el fuego mientras asaban carne. Otra era no matar pulgas ni piojos en presencia de otras personas.

Los Fairfax, cuñados de Lawrence, eran una de las familias más ricas de Virginia. Tenían enormes extensiones de tierra. Aún no había mapas de la parte occidental de la colonia, y la gente contrataba agrimensores.

El trabajo de un agrimensor consistía en medir y marcar los límites de una propiedad. Era el trabajo perfecto para George. Le encantaba estar al aire libre, era bueno en matemáticas, y necesitaba ganar dinero.

No había mapas ni carreteras en el Oeste de Virginia, sólo había naturaleza salvaje. Así que George pasó dificultades como agrimensor. Vestía la misma ropa durante varias semanas seguidas, dormía en el suelo al lado de los hombres que había contratado, cocinaba en fogatas, y tenía que tratar de mantenerse a salvo de bandas hostiles de indios.

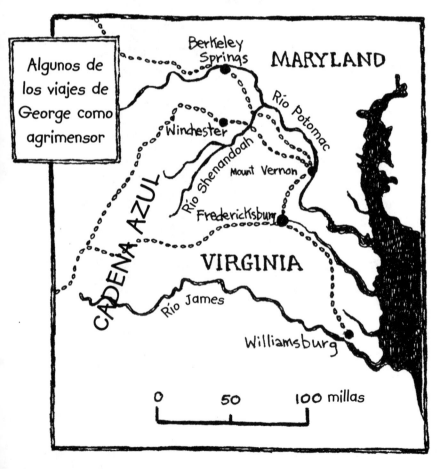

Algunos de los viajes de George como agrimensor

LOS DIENTES POSTIZOS

GEORGE TUVO PROBLEMAS CON SUS DIENTES DESDE QUE ERA JOVEN. LE CAUSARON MUCHO DOLOR. CUANDO FUE PRESIDENTE, SÓLO LE QUEDABA UN DIENTE. TUVO QUE UTILIZAR DENTADURA POSTIZA.

HAY ALGUNAS HISTORIAS SOBRE UNA CAJA DE DIENTES DE MADERA UTILIZADA POR WASHINGTON. PERO ESTO NO ES CIERTO. CASI SIEMPRE SE UTILIZABA EL MARFIL DE LOS ELEFANTES, HIPOPÓTAMOS Y DE OTROS ANIMALES. LOS DIENTES ERAN INCRUSTADOS EN UNA BASE METÁLICA CON RESORTES GRUESOS. LA DENTADURA POSTIZA NO SOLAMENTE ERA DOLOROSA DE UTILIZAR, SINO QUE ERA DIFÍCIL COMER CON ELLA. LA DENTADURA POSTIZA LE ESTIRABA MUCHO LOS LABIOS A GEORGE, Y ÉL SE AVERGONZABA DE ESTO. NO ES DE EXTRAÑAR QUE NO EXISTAN IMÁGENES DE GEORGE WASHINGTON SONRIENDO DURANTE SU ETAPA ADULTA. UNA CAJA DE DIENTES DE WASHINGTON ESTÁ EXHIBIDA EN MOUNT VERNON. ES UNO DE LOS OBJETOS MÁS POPULARES.

ABIERTA   CERRADA

George era un joven musculoso y de espaldas anchas, con ojos azules grisáceos y cabello castaño rojizo. Siempre se hacía una cola. Medía seis pies con dos pulgadas, y casi siempre era la persona más alta en un grupo. Sus manos y pies eran inmensos. Salvo por sus dientes defectuosos, su salud era excelente.

Infortunadamente, Lawrence tenía problemas de salud mucho más serios. Le dio una tos terrible. George y Lawrence navegaron hacia la isla de Barbados, frente a las costas de Venezuela. Esperaban que el clima caliente le ayudara. Fue el primer y único viaje de Washington fuera de Norteamérica.

Desgraciadamente, Lawrence no mejoró. Y George contrajo viruela, otra enfermedad mortal. George sobrevivió, pero Lawrence murió en 1752, mientras George estaba a su lado. Fue un golpe terrible para George, quien sólo tenía veinte años y había perdido a quien más quería.

George Washington no sólo amaba a Lawrence, sino que lo respetaba. Lawrence había sido un oficial en la milicia (una milicia es un grupo de soldados de tiempo parcial que no son parte de un ejército regular). El cargo de Lawrence quedó disponible y George ocupó el lugar de su hermano.

UN MILICIANO

Capítulo 3
Un joven soldado

GEORGE
A LOS VEINTICINCO
AÑOS

Era comienzos de la década de 1750. Francia e Inglaterra llevaban un tiempo disputándose el territorio del valle del río Ohio. El problema era simple: ambos países querían controlarlo.

Los franceses construyeron muchos fuertes en la zona. Querían mantener a los colonos británicos encerrados en la costa Este. George Washington fue enviado a hacerles una advertencia a los franceses: debían abandonar los fuertes de inmediato. Los franceses ignoraron el mensaje. Sin embargo, el viaje fue importante para George. Recorrió mil millas de bosques salvajes en compañía de un pequeño grupo de hombres. Cruzó dos cordilleras. Fue lanzado afuera de una balsa en un río helado. El agua era tan fría que sus ropas se congelaron. Sin embargo, regresó a salvo y fue ascendido por su valor. Escribió un diario sobre sus viajes, que fue publicado en los periódicos. *El diario del mayor George Washington* lo hizo famoso.

ÚNETE o MUERE

En 1754, Benjamín Franklin escribió esto a los colonos para que se unieran y combatieran a los franceses.

Pocos meses después, George fue enviado de nuevo al valle del río Ohio. Esta vez lo acompañaban más de doscientos cincuenta hombres. Iban a construir un fuerte.

Los británicos y los franceses no estaban abiertamente en guerra. Pero cuando sus hombres se acercaron a los soldados franceses, se oyó un disparo. ¿De qué lado se inició el ataque? Nadie lo sabe. Sin embargo, Washington no perdió a ninguno de sus hombres, y diez soldados franceses terminaron muertos. Entre ellos estaba su líder.

Esto fue todo lo necesario para que estallara una verdadera guerra entre los franceses y los británicos. Pronto, ochocientos soldados franceses, en compañía de cuatrocientos indios, atacaron al ejército de Washington, que era mucho más pequeño. Cien soldados americanos murieron. ¿Qué otra opción tenía Washington aparte de rendirse? Él y sus hombres no fueron tomados prisioneros. Tuvieron que abandonar el fuerte y regresar a casa.

La derrota fue un gran golpe para George. Toda su vida se preocupó por su imagen. Quería parecer valiente y honorable. Rendirse era vergonzoso. Pero una vez más, fue elogiado por su liderazgo. Su carrera militar estaba en ascenso.

Luego, George se convirtió en el asistente del general británico encargado de expulsar a los franceses del valle de Ohio. Hasta ese entonces, Washington sólo había liderado soldados americanos. Ahora tendría que servir al lado de los temibles y duros" casacas rojas" (éste era el apodo para los soldados del Ejército británico debido a los abrigos rojos que llevaban). El general reunió una gran fuerza de dos mil hombres para atacar uno de los fuertes franceses más grandes.

UN CASACA
ROJA

En Europa, los ejércitos enemigos combatían frente a frente, en campos abiertos. Una línea tras otra de tropas marchaban las unas hacia la otras, disparando cañones y mosquetes.

Washington advirtió al general británico que en América se combatía de un modo diferente. Los

LA TÍPICA BATALLA EUROPEA

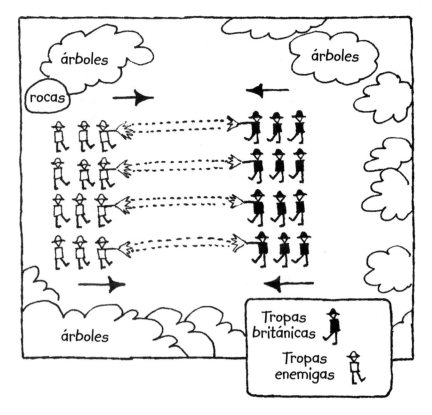

enemigos atacarían a los casacas rojas desde todos los lados. Los franceses y los indios atacarían desde los bosques. Permanecerían escondidos detrás de los árboles y de las rocas.

El general se negó a escuchar. Los casacas rojas atacarían tal como habían sido entrenados para

LA TÍPICA BATALLA AMERICANA

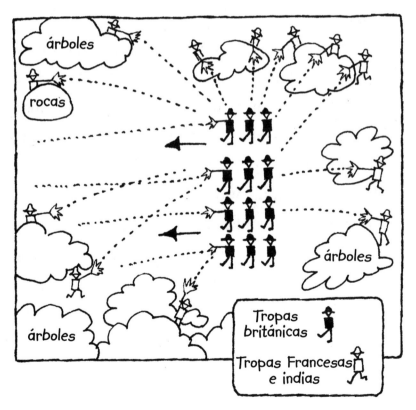

hacerlo. El resultado fue un verdadero desastre para los británicos. Los soldados a caballo fueron arrasados por las fuerzas francesas e indias que estaban ocultas. Cientos de casacas rojas no tardaron en morir.

En cuanto a Washington, cuatro disparos de mosquete le atravesaron el abrigo. Otro le destrozó el sombrero. Dos caballos que estaban a su lado recibieron disparos. Pero él no recibió ninguna herida.

El general británico no tuvo tanta suerte y murió de una herida que recibió en la batalla. Entonces, George Washington asumió el mando de las tropas. Sólo tenía veintidós años. Durante cinco años, ayudó a construir más de ochenta fuertes en el valle del río Ohio. Combatió contra las tropas francesas, así como contra bandas de indios hostiles.

Al final, los británicos ganaron lo que se conoció como la Guerra francesa e india. Los colonos ahora podían ir con libertad al Oeste y colonizar las ricas tierras del valle del río Ohio.

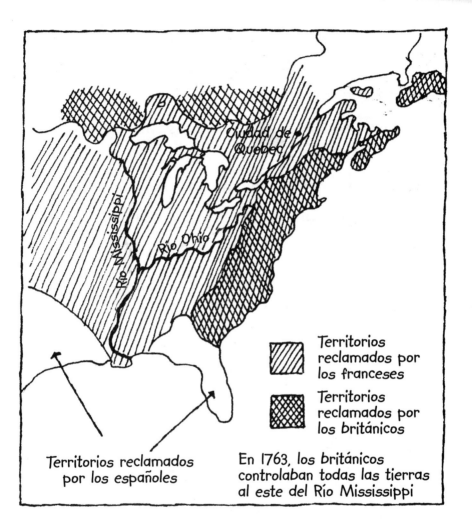

Territorios reclamados por los españoles

Territorios reclamados por los franceses

Territorios reclamados por los británicos

En 1763, los británicos controlaban todas las tierras al este del Río Mississippi

Río Mississippi

Río Ohio

Ciudad de Quebec

Capítulo 4
Vida rural

George ya había combatido bastante. Renunció al mando y regresó a Virginia. La esposa de su hermano Lawrence había muerto y no tenía hijos. Entonces, Mount Vernon pasó a ser propiedad de George Washington. Quería vivir en paz allí por el resto de su vida.

MARTHA CUSTIS
EN 1757

George conoció en un baile a una joven viuda muy rica que tenía dos hijos pequeños. Su nombre era Martha Custis.

Era bajita y regordeta, con una sonrisa cálida. Conocía a todos los amigos de George. Querían llevar la misma vida rural. Era una buena pareja en todos los sentidos. "He encontrado a una compañera agradable", le escribió George a un amigo.

Se casaron el 6 de enero de 1759. Ambos tenían veintisiete años. Aunque nunca estuvieron locamente enamorados, había un fuerte vínculo entre ellos. Marta le decía "Viejo" o "Papá". Infortunadamente, no tuvieron hijos, pero George adoraba a la pequeña Patsy y a Jacky, su hermano mayor.

PATSY Y JACKY

JACKY CUSTIS TENÍA CUATRO AÑOS, Y SU HERMANA PATSY TENÍA DOS CUANDO SU MADRE SE CASÓ CON GEORGE WASHINGTON. ÉL FUE MUY BUENO CON SUS HIJASTROS. LES ENCARGABA ROPA FINA Y JUGUETES DE INGLATERRA. (UNA VEZ SE ENOJÓ MUCHO PORQUE UNA MUÑECA PARA PATSY NO LLEGÓ A TIEMPO).

PATSY ERA UNA NIÑA DULCE. SUFRIÓ CONVULSIONES DESDE QUE ESTABA MUY PEQUEÑA. ESTE PROBLEMA EMPEORÓ MIENTRAS CRECÍA. LOS DOCTORES NO SABÍAN CÓMO AYUDARLA. MURIÓ DESPUÉS DE UNA CONVULSIÓN CUANDO SÓLO TENÍA DIECISIETE AÑOS.

PATSY

JACKY ERA UN CHICO MIMADO Y PEREZOSO. LO ÚNICO QUE QUERÍA ERA DIVERTIRSE. SÓLO DURÓ POCOS MESES EN UNA UNIVERSIDAD DE NUEVA YORK. JACKY TAMBIÉN

FUE UN FRACASO
COMO GRANJERO
Y MURIÓ A LOS
VEINTISÉIS AÑOS,
POCAS SEMANAS
DESPUÉS DE QUE
EL EJÉRCITO DE SU
PADRASTRO GANARA
LA GUERRA POR
LA INDEPENDENCIA.
EL HIJO Y LA
HIJA DE JACKY
FUERON CRIADOS
POR GEORGE Y
MARTHA EN MOUNT

JACKY

VERNON. (LA ESPOSA DE JACKY Y SUS DOS HIJAS
MAYORES VIVÍAN EN VIRGINIA).

MUCHOS HISTORIADORES CREEN QUE LA
VIRUELA QUE CONTRAJO GEORGE WASHINGTON ES
LA RAZÓN POR LA QUE NO PUDO TENER HIJOS.

A George y a Martha les encantaba ser anfitriones. Cuando era viejo, decía que él y Martha no habían cenado solos en veinte años. Casi todas las semanas recibían visitas en Mount Vernon.

Washington era un anfitrión muy considerado. Se dice que un invitado se despertó a medianoche debido a un resfriado. Y Washington le llevó de inmediato una taza de té.

MARTHA
WASHINGTON A
EDAD MEDIANA

Washington iba a cazar zorros dos o tres veces por semana (uno de sus perros de caza se llamaba Labios Dulces). A Washington le gustaba jugar cartas y apostar pequeñas sumas de dinero. Se reunía con sus amigos en la taberna local para escuchar los últimos chismes y chistes.

Pero dirigir una granja tan grande era un asunto muy serio que le ocupaba la mayor parte de su tiempo. Washington se levantaba temprano y desayunaba con té y panqueques con miel (se los cortaban en pedazos pequeños para que pudiera comerlos con mayor facilidad). Luego montaba su caballo y recorría toda la granja. Ayudaba a arrear el ganado y a reparar los cercos.

En un comienzo, cultivó y vendió tabaco. El tabaco crecía con dificultad y Washington experimentó varias formas para mejorar su cultivo.

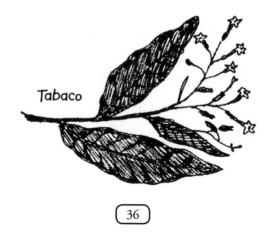

Tabaco

Posteriormente comenzó a cultivar trigo y construyó un molino para fabricar harina. El trigo se daba con mayor facilidad y podía venderlo localmente, mientras que la mayoría del tabaco era enviada a Inglaterra.

El granero de George Washington, que tenía 16 lados (vista transversal)

Los caballos pisotean el trigo en el segundo piso y los granos caen por las grietas que hay en el suelo.

Abajo, los trabajadores echan el trigo a los sacos, para llevarlo al molino.

En el sector rural de Virginia no había tiendas de alimentos ni de ropa. Los artículos costosos como los carruajes y las ropas elegantes eran traídos de Inglaterra. Casi todo lo demás era cultivado o elaborado en la granja de Washington. El lino para la ropa era hilado y tejido allí. La lana provenía de las ovejas de Mount Vernon.

Había que alimentar y vestir a muchas personas en la granja. George y Martha tenían trescientos esclavos. Al igual que otros granjeros ricos del Sur, los esclavos de Washington cultivaban y trabajaban en la granja. Durante la última etapa de su vida, George comenzó a ver la esclavitud tal como era: mala, cruel e injusta. Pero durante mucho tiempo aceptó la esclavitud como parte de la realidad. No fue un amo muy cruel ni muy amable.

Durante sus quince años como granjero, George Washington también fue elegido miembro de la Casa de los Burgueses de Virginia. Los burgueses eran unos hombres que se reunían en

George Washington supervisa a sus esclavos.

Williamsburg, la capital de la colonia en esa época, y votaban sobre asuntos locales.

Aunque las trece colonias pertenecían a Inglaterra, cada una tenía una especie de gobierno propio. Siempre y cuando el Rey y el Parlamento (el gobierno de Inglaterra) actuaran según los intereses

LA ESCLAVITUD

LA ESCLAVITUD EN AMÉRICA COMENZÓ A PRINCIPIOS DEL SIGLO XVI. EN LA DÉCADA DE 1750, LA ESCLAVITUD TODAVÍA ERA LEGAL EN LAS TRECE COLONIAS. SIN EMBARGO, HABÍA MUY POCOS ESCLAVOS EN EL NORTE. LA GRAN MAYORÍA DE ELLOS PERTENECÍA A TERRATENIENTES DE VIRGINIA, CAROLINA DEL SUR Y GEORGIA.

¿POR QUÉ?

EN EL NORTE NO HABÍA MUCHAS TIERRAS FÉRTILES. A DIFERENCIA DEL SUR, NO HABÍA COSECHAS DE TABACO, ARROZ O ALGODÓN PARA LA VENTA. CASI TODOS LOS GRANJEROS TENÍAN PEQUEÑAS PARCELAS DE TIERRA. UNA FAMILIA PODÍA ENCARGARSE DE TODO EL TRABAJO SIN NECESIDAD DE TRABAJADORES ADICIONALES.

PERO EN EL SUR, ALGUNAS GRANJAS (O PLANTACIONES) SE EXTENDÍAN POR MILES DE ACRES. CULTIVABAN PARA GANAR DINERO. SE NECESITABAN MUCHAS PERSONAS PARA TRABAJAR EN LOS CULTIVOS Y PARA LLEVARLOS AL MERCADO. LOS ESCLAVOS ERAN LA MANO DE OBRA MÁS BARATA: NO RECIBÍAN PAGO. HABÍAN SIDO TRAÍDOS POR LA FUERZA DESDE ÁFRICA Y ERAN VENDIDOS EN SUBASTAS. TAMPOCO TENÍAN DERECHOS. ERAN

Una subasta de esclavos

PROPIEDAD DE SUS AMOS, AL IGUAL QUE UN ARADO
O UN CABALLO. ADEMÁS DE GEORGE WASHINGTON,
THOMAS JEFFERSON TAMBIÉN ERA PROPIETARIO
DE ESCLAVOS. EN SU TESTAMENTO, GEORGE
WASHINGTON DECLARÓ QUE TODOS SUS ESCLAVOS
FUERAN LIBERADOS TRAS LA MUERTE DE MARTHA.
SIN EMBARGO, NUNCA LIBERÓ A NINGUNO EN VIDA.

MUCHAS COLONIAS DEL NORTE PROHIBIERON LA
ESCLAVITUD A FINALES DEL SIGLO XVIII. PERO FUE
NECESARIA LA GUERRA CIVIL (1861–1865) A FIN DE
ELIMINAR PARA SIEMPRE LA ESCLAVITUD EN EL SUR.

de los colonos, todo mundo quedaba contato. Los colonos en su mayoría, se sentían orgullosos de ser súbditos británicos.

Pero esta situación cambió en la década de 1760.

Esta bandera representaba el desafío colonial.

Capítulo 5
La liberación

La larga Guerra francesa e india había sido muy costosa para Inglaterra. El rey—George II— había pedido mucho dinero en préstamo. La guerra había tenido lugar en suelo americano. Después de la victoria británica, un ejército de diez mil casacas rojas permaneció en América en caso de que los franceses atacaran de nuevo.

EL REY GEORGE III DE INGLATERRA

En 1763, George III, el nieto del rey, ocupó el trono. El nuevo rey consideró justo que las colonias pagaran por los costos de la guerra. ¿De dónde saldría el dinero?

De los impuestos.

En 1765, el Parlamento inglés aprobó la Ley del Timbre. En las colonias, todos los documentos y papeles tuvieron que llevar un timbre. Los testamentos, los contratos, los diplomas universitarios, y la licencia de matrimonios no eran válidas sin el timbre. Los periódicos y las cartas de la baraja también tuvieron que ser timbradas. Las estampillas no valían mucho, pero los colonos se pusieron furiosos.

Una cosa era que los gobiernos locales aprobaran nuevos impuestos. Los gobiernos locales estaban conformados por hombres elegidos por los colonos. Pero el Parlamento estaba a tres mil millas de distancia. Los colonos no tenían ningún poder en él. No habían elegido a ningún miembro

Quema de estampillas durante una protesta en Nueva York.

del Parlamento. Tampoco podían hacer que los destituyeran.

Lo que era justo para el Rey y para el Parlamento al otro lado del Atlántico pareció completamente injusto a los colonos en América.

¿Cuál fue la posición de George Washington sobre la Ley del Timbre?

Pensaba que era injusta, pero no participó en las protestas.

El Parlamento puso fin a la Ley del Timbre en 1766 porque muchos colonos enojados habían dejado de comprar productos británicos y eso estaba perjudicando los negocios. Pero al año siguiente, el Parlamento obligó a los colonos a pagar impuestos sobre el papel, la pintura, el vidrio, el plomo y el té. Todos estos artículos eran importados de Inglaterra.

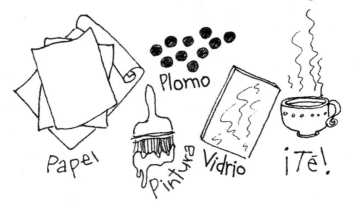

Una vez más, los manifestantes en América lograron que todos los impuestos fueran eliminados, menos uno: el impuesto sobre el té.

Este impuesto seguramente no parece importante. Pero esta bebida era muy popular en las colonias. Las personas solían beber quince tazas de té al día. El impuesto al té enojó a todo el mundo . . . incluyendo a George Washington. Y para no pagar el impuesto al té, comenzó a beber café.

La última ronda de impuestos hizo que George cambiara su opinión sobre ser un súbdito británico. Pensaba que el hecho de que el Parlamento controlara las colonias era injusto. Esto tenía que terminar. Le escribió a un amigo que los colonos no deberían "dudar de utilizar las armas" para defender sus derechos.

Antes de todos estos impuestos, las trece colonias tenían muy poco en común entre sí. Cada una se consideraba un territorio separado con sus propios intereses.

Pero la rabia causada por los impuestos unió a las colonias.

Inglaterra tomó medidas enérgicas contra Boston después del Motín del Té. El gobierno local fue clausurado. Las tropas británicas ocuparon la ciudad. Prohibieron la entrada y salida de productos.

EL MOTÍN DEL TÉ DE BOSTON

EN NUEVA YORK Y FILADELFIA, LAS MULTITUDES
ENOJADAS IMPIDIERON QUE LOS BARCOS
BRITÁNICOS DESCARGARAN EL TÉ QUE TRAÍAN.

LA NOCHE DEL 16 DICIEMBRE DE 1773, LOS MANIFESTANTES DE BOSTON FUERON AÚN MÁS LEJOS. PERTENECÍAN A UN GRUPO LLAMADO LOS HIJOS DE LA LIBERTAD. SE DISFRAZARON DE INDIOS MOHAWK, SUBIERON A TRES BARCOS Y ARROJARON 342 CAJAS DE TÉ AL MAR.

EL EVENTO FUE CONOCIDO COMO EL MOTÍN DEL TÉ DE BOSTON. ¡EL REY GEORGE III SE PUSO FURIOSO! PENSABA QUE LOS COLONOS DEBÍAN PAGAR POR EL TÉ Y SER CASTIGADOS.

Los negocios se paralizaron. Los alimentos eran escasos. Sin embargo, los ciudadanos se negaron a pagar por el té que habían arrojado. Después de todo, sólo habían hecho valer sus derechos.

Las personas de otras colonias apoyaron a Boston, incluyendo a George Washington. Ese verano, se celebró una reunión entre las colonias en Filadelfia. George Washington fue uno de los seis hombres que asistieron en representación de Virginia.

El Congreso Continental, como era llamado, representaba a doce colonias (Georgia decidió no asistir). Nadie hablaba todavía de separarse de Inglaterra. Esperaban que la situación mejorara.

SALÓN DE LA INDEPENDENCIA EN FILADELFIA

Pero cuando el segundo Congreso Continental se celebró en mayo de 1775, el ambiente era muy distinto. En algunas ciudades de Massachusetts habían estallado peleas entre colonos y casacas rojas. Habían muerto varios americanos y ya no había punto de regreso. ¡Las colonias querían la independencia!

El segundo Congreso Continental comenzó a prepararse para la guerra.

LA BATALLA DE LEXINGTON

George Washington había asistido con su chaqueta azul de soldado. Tenía cuarenta y tres años. Llevaba quince dedicado a la agricultura. Su historial no era muy bueno. Nunca había ganado una batalla ni comandado un ejército grande.

Sin embargo, en junio de 1775 le pidieron comandar el nuevo Ejército Continental. Él aceptó, aunque dudaba mucho de sus capacidades. Su primera reacción fue ponerse completamente rojo, y luego salió corriendo de la reunión.

LA DECLARACIÓN DE INDEPENDENCIA

GEORGE WASHINGTON DIRIGIÓ EL SEGUNDO CONGRESO CONTINENTAL EN FILADELFIA. SE SENTÓ FRENTE A OTROS DELEGADOS, QUIENES DISCUTIERON LOS PLANES DE GUERRA. A THOMAS JEFFERSON LE PIDIERON ESCRIBIR TODAS LAS RAZONES PARA SEPARARSE DE INGLATERRA. BENJAMÍN FRANKLIN LE AYUDÓ, PERO JEFFERSON LO ESCRIBIÓ CASI TODO. Y SON UNAS DE LAS PALABRAS MÁS FAMOSAS DE TODA LA HISTORIA AMERICANA.

LA DECLARACIÓN DE INDEPENDENCIA FUE FIRMADA EL 4 JULIO DE 1776 POR LOS DELEGADOS DEL CONGRESO. UN HOMBRE, JOHN HANCOCK, FIRMÓ CON ENORMES LETRAS MAYÚSCULAS. EN LA ACTUALIDAD, SI ALGUIEN TE PIDE TU "JOHN HANCOCK", SIGNIFICA QUE QUIERE TU FIRMA.

John Hancock

LOS COLONOS DERRIBARON
LA ESTATUA DEL REY GEORGE III
EN NUEVA YORK.

Capítulo 6
El general al mando

GENERAL WASHINGTON
1777

La Guerra de Independencia duró desde 1775 hasta 1783. Obviamente, todos saben cómo terminó: los colonos ganaron la guerra. Todos creemos que no habría podido suceder de otra forma. Pero durante la guerra, nadie sabía cuál sería el resultado. De hecho, parecía que los colonos tenían muy pocas posibilidades de ganarle a Inglaterra.

El Ejército Continental liderado por Washington fue a la guerra sin ningún entrenamiento. Los soldados eran jóvenes, pobres y sin educación. La mayoría tenía entre quince y veinticinco años y se unió al Ejército porque tenía pocas opciones. Lo hizo por el pago.

Pero nunca había soldados suficientes. Las condiciones eran terribles (de hecho, murieron más soldados americanos por la viruela y otras enfermedades que por las heridas recibidas en las batallas).

SOLDADOS
CONTINENTALES

Muchas veces no tenían municiones, alimentos ni ropa. Los soldados pasaban varios meses sin recibir su pago. Y a medida que la guerra se prolongaba varios años, George Washington tenía cada vez más dificultades para conseguir dinero y satisfacer las necesidades del Ejército.

En comparación con los generales británicos, George Washington sabía poco sobre la guerra (antes de asumir el mando de sus tropas, compró cinco libros sobre tácticas militares). Y de las nueve batallas que combatió, sólo ganó tres.

Su enemigo era el poderoso Ejército británico, el ejército más grande y mejor armado del mundo. La fuerza naval británica dominaba los mares. Los generales y almirantes británicos eran valientes y habían combatido en varias guerras.

Entonces, ¿cómo hicieron los americanos para ganar en contra de todas las probabilidades?

Una razón es que perseveraron.

GEORGE CONDUCE
UNA RETIRADA

Mientras más tiempo combatiera el Ejército Continental, mayores serían las posibilidades de que los británicos se rindieran en algún momento. En cierto modo, los americanos no tenían que ganar: simplemente no podían perder.

Con el paso del tiempo, Washington se hizo un general muy astuto. Comprendió que los ataques pequeños y sorpresivos contra el enemigo eran mejores que sostener grandes batallas. Pero esto no era considerado una forma caballerosa de pelear (recordemos que George Washington siempre estuvo preocupado por su imagen). Pero sus ataques sorpresa surtieron efecto.

El Ejército Continental estaba peleando por una causa. Los americanos querían la independencia y estaban dispuestos a morir por ella. También estaban peleando en su territorio. Por otra parte, los soldados británicos estaban en un lugar extraño, a tres mil millas de su tierra. Sólo combatían porque ese era su trabajo.

En 1778, los franceses decidieron ayudar a

UN ATAQUE SORPRESA CERCA DE PRINCETON

EN VALLEY FORGE
1777-1778

MARQUÉS DE
LAFAYETTE

GEORGE
WASHINGTON

los americanos. (Después de todo, Inglaterra era un viejo enemigo de Francia). Además de dinero y de barcos, los franceses enviaron tropas. Entre ellos estaba un noble joven y valiente, el marqués de Lafayette, quien fue uno de los asistentes más cercanos y confiables de George Washington. Era casi un hijo para él.

En 1778, llegó un hombre a los cuarteles de invierno del Ejército en Valley Forge, Pensilvania. Dijo ser el barón von Steuben, un general alemán.

No era general ni barón, pero había sido un soldado desde que tenía dieciséis años. Sabía todo lo referente al entrenamiento de soldados.

Von Steuben enseñó a los soldados de Washington a trabajar como una unidad. Les enseñó a combatir aunque tuvieran miedo y aunque murieran sus compañeros. Gracias al barón, el Ejército Continental se hizo mucho más profesional. Y esto ayudó a ganar la guerra.

EL BARÓN
VON STEUBEN

Pero tal vez lo más importante de todo, George Washington fue la razón para la victoria. A pesar de las derrotas, los soldados siempre habían confiado en él. Durante la larga guerra, el Ejército británico tuvo cuatro generales al mando. Los americanos sólo tuvieron uno: Washington.

Todos lo llamaban "Su Excelencia". Tranquilo y distante, Washington no era sociable con sus soldados. No bromeaba con ellos, pero siempre los trataba con respeto. Era un líder nato y sus hombres sentían una gran lealtad hacia él.

Washington parecía casi sobrehumano a veces. Nunca mostró miedo. Los horrores de la guerra nunca afectaron su salud ni su calma exterior. Jugaba a la pelota con sus asistentes para aliviar el estrés.

Washington debió sentir una presión muy fuerte. Tenía en sus manos la vida de muchos hombres y no sólo en el campo de batalla. Un problema interminable para él era no poder vestir y

alimentar debidamente a sus soldados. El Congreso en Filadelfia no tenía el poder para darle dinero o enviar más tropas. Y los gobiernos locales de las colonias no estaban dispuestos a aumentar los impuestos para financiar lo que se había convertido en una guerra muy larga.

Washington vio el panorama general: era una guerra por la independencia. Si las colonias se liberaban de Inglaterra, ¿qué pasaría con ellas? Washington pensó mucho en esto durante la guerra.

Si nacía un nuevo país, él creía que debía tener un gobierno central fuerte. Así como su ejército necesitaba a un general fuerte, Washington creía que un nuevo país, conformado por las diferentes colonias, necesitaría un líder fuerte. No un rey, sino un líder que fuera elegido por su gente.

UN TIMBRE DE IMPUESTOS BRITÁNICO

Capítulo 7
Tiempos difíciles

La mayoría de las batallas tuvo lugar en Nueva York, Nueva Jersey y Pensilvania. A finales del otoño de 1778, el Ejército Continental ganó una importante batalla en Saratoga, Nueva York. Después de recibir la buena noticia, Washington condujo a diez mil hombres hacia el Este de Pensilvania. Acamparon hasta la primavera, cuando

LOS BRITÁNICOS SE RINDEN EN SARATOGA

se reanudó la batalla. Escogió un lugar llamado Valley Forge, que era fácil defender. Sus espías también podían vigilar las tropas británicas en la cercana Filadelfia.

Los varios meses que las tropas pasaron en Valley Forge deberían ser una oportunidad para descansar y recuperar sus fuerzas. Sin embargo, el invierno fue muy frío. Las chozas que los soldados habían construido no tenían calefacción (la nieve mojaba la madera, haciendo que fuera imposible encenderla).

Washington suplicaba ayuda en cartas que escribía al Congreso Continental. Necesitaba uniformes, botas y alimentos. Le respondieron que dejara de quejarse.

¿Qué tan mala era la situación de los soldados?

Muchos iban vestidos sólo con harapos. Algunos no tenían ropas, sólo una sábana rasgada. A veces un soldado tenía que pedir prestados los harapos a alguien para cumplir con su deber. Los

oficiales que tenían zapatos echaban whisky en ellos para que no se congelaran. Los soldados comunes estaban descalzos. Washington informó ver "sangre saliendo de sus pies" en la nieve. A algunos soldados se les congelaron los pies, se les pusieron negros y tuvieron que ser amputados.

No había alimentos para los caballos. La mayoría murió. No había alimentos suficientes para los soldados. Pasaban varios días sin probar un solo bocado de carne. Estaban a muy poco de morir de hambre.

Como siempre, Martha acompañó a su esposo y a las tropas en el campamento de invierno. Todo el mundo la llamaba Lady Washington. Ella no podía ver la sangre y se decía que temblaba al escuchar un disparo. Sin embargo, ella sabía que su presencia tenía un gran significado para los soldados, así como para su esposo. Ella cuidaba a los enfermos en Valley Forge y les daba pequeños regalos. Sin embargo, una cuarta parte de las tropas (2.500) murió debido a las enfermedades.

Aún más terrible, el sufrimiento en Valley Forge fue innecesario. Los granjeros de Pensilvania habían acabado de recolectar sus cosechas. Había sido un año muy bueno. Podían haberles dado alimentos y ropas a las tropas, pero decidieron obtener una mayor ganancia vendiendo a los británicos.

Aunque las condiciones en Valley Forge eran

terribles, las condiciones en el campamento de invierno de Morristown fueron peores al año siguiente. Los soldados estaban desertando. Los soldados enfermos estaba muriendo en grandes cantidades. El ejército de Washington quedó reducido a ocho mil hombres y menos de tres mil estaban en condiciones de combatir.

Ese verano llegaron más malas noticias. La ciudad de Charleston, en Carolina del Sur, cayó en poder de los británicos. Después, los americanos fueron derrotados en Savannah, Georgia, y en el otoño,

Washington se enteró de que Benedict Arnold, un general valiente y confiable, se había pasado al lado británico (lo hizo por dinero, y hasta el día de hoy es considerado el peor traidor en la historia americana).

BENEDICT ARNOLD

LOS CONSERVADORES

SI PENSAMOS EN AQUELLOS TIEMPOS LEJANOS, ES FÁCIL CONCLUIR QUE TODOS LOS HABITANTES DE LAS COLONIAS ESTABAN LUCHANDO JUNTOS, Y QUE CREÍAN EN LA MISMA CAUSA. PERO NO ES ASÍ. NO TODOS LOS AMERICANOS "COMPARTÍAN EL ESPÍRITU DEL 76". JOHN ADAMS, QUIEN FUE EL SEGUNDO PRESIDENTE, CALCULÓ QUE LA TERCERA PARTE DE LOS COLONOS ESTABA A FAVOR DE LA INDEPENDENCIA, OTRA TERCERA PARTE QUERÍA SEGUIR SIENDO BRITÁNICA (ESTOS COLONOS FUERON LLAMADOS LOS CONSERVADORES), Y A LA OTRA TERCERA PARTE LE TENÍA SIN CUIDADO LO UNO O LO OTRO.

JOHN ADAMS

DURANTE LA GUERRA, MUCHOS CONSERVADORES
FUERON CASTIGADOS POR TRAICIÓN. A ALGUNOS
LES ECHABAN BREA, LES PONÍAN PLUMAS Y LUEGO
LOS SACABAN DE LA CIUDAD SUBIDOS EN PALOS.
DESPUÉS DE LA GUERRA, LA MAYORÍA DE LOS
CONSERVADORES SE MUDÓ A CANADÁ O REGRESÓ
A INGLATERRA.

Capítulo 8
La victoria

GEORGE WASHINGTON
A LOS 55 AÑOS

El Congreso Continental estaba en las últimas en la primavera de 1781. Sin embargo, la guerra terminó sólo siete meses después.

Una batalla lo cambió todo.

Durante mucho tiempo, Washington había soñado con tomar de nuevo la ciudad de Nueva York, que había sido tomada por los británicos. Washington quería "una gran victoria" a toda costa. Pero tuvo prudencia y se concentró en la victoria en el Sur, en Virginia.

Lord Charles Cornwallis, el general británico al mando, había trasladado a todo su ejército a Yorktown, Virginia. Esta ciudad estaba en una península, lo que significaba que su ejército estaba rodeado de agua en tres de sus lados.

Los barcos americanos se acercaron a la zona y una flota de barcos franceses se les unió. Washington envió a dos mil soldados a que se unieran a los soldados franceses en la punta de la península. Washington contó entonces con veintiún mil hombres; Cornwallis sólo tenía siete mil.

El ejército de Cornwallis no sólo era más pequeño, sino que estaba cercado por todos lados. ¡Los ingleses estaban atrapados!

La batalla comenzó. Y el 17 octubre, tras ocho días de bombardeos, el general Cornwallis se rindió. Dos días después, George Washington montó Nelson, su caballo favorito, y observó a los soldados ingleses derrotados salir de Yorktown.

En ese momento, Washington no se dio cuenta

LA BATALLA DE YORKTOWN DE 1781

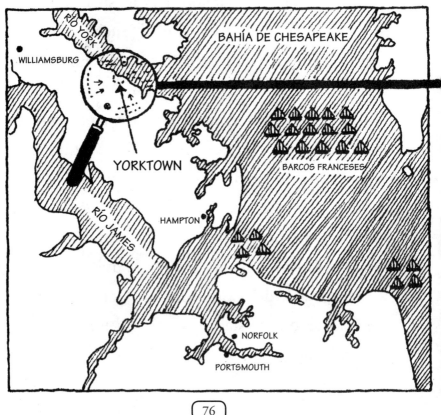

de que esta victoria señalaba el final de la guerra.
Pero así fue.

¡Los americanos habían obtenido la
independencia!

Pasaron dos años antes de que un tratado entre
Inglaterra y los Estados Unidos fuera firmado en
París, Francia.

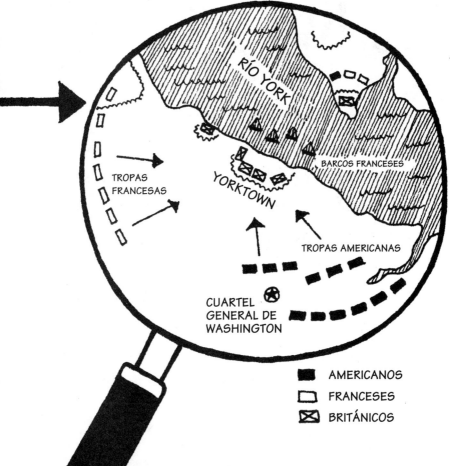

RÍO YORK

BARCOS FRANCESES

TROPAS
FRANCESAS

YORKTOWN

TROPAS AMERICANAS

CUARTEL
GENERAL DE
WASHINGTON

■ AMERICANOS
☐ FRANCESES
⊠ BRITÁNICOS

Washington se despidió de su ejército tan pronto se enteró del tratado. Primero se despidió de sus soldados ordinarios. Los llamó "un grupo patriótico de hermanos". Un mes más tarde se reunió con sus oficiales en la Taberna Fraunces, en la ciudad de Nueva York (la taberna todavía existe). Lloró al ver a varios hombres que permanecieron a su lado durante los largos años de batalla. Cada oficial le dio la mano y un beso en la mejilla.

George Washington renunció al ejército y regresó a casa el 25 diciembre de 1783. Martha lo estaba esperando en Mount Vernon. Él pensaba ocuparse de nuevo de la granja y pasar el resto de sus días en Virginia. Tenía cincuenta y un años. Era hora de retirarse.

EL TRATADO DE PARÍS

LA GUERRA TERMINÓ EN OCTUBRE DE 1781.
EL TRATADO DE PARÍS SÓLO SE FIRMÓ HASTA
SEPTIEMBRE DE 1783. ESTE TRATADO RECONOCÍA
QUE LOS ESTADOS UNIDOS ERAN UN PAÍS LIBRE
Y SOBERANO. LAS FRONTERAS DEL NUEVO PAÍS
IBAN DESDE LOS GRANDES LAGOS Y MAINE HASTA
FLORIDA, Y DESDE LA COSTA ATLÁNTICA AL RÍO
MISSISSIPPI.

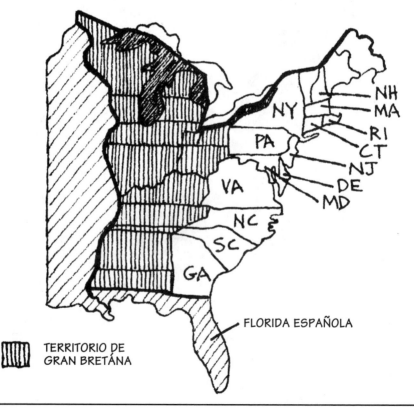

NH
MA
NY
RI
PA
CT
NJ
VA
DE
MD
NC
SC
GA

FLORIDA ESPAÑOLA

TERRITORIO DE
GRAN BRETÁNA

UN ARTISTA FAMOSO DE LA ÉPOCA LLAMADO
BENJAMIN WEST FUE EL ENCARGADO DE PINTAR A
LOS BRITÁNICOS Y AMERICANOS QUE FIRMARON EL
TRATADO. SIN EMBARGO, LA PINTURA NUNCA FUE
TERMINADA. AUNQUE LOS AMERICANOS POSARON
PARA EL PINTOR (INCLUYENDO A BENJAMIN FRANKLIN
Y A JOHN ADAMS), LOS BRITÁNICOS SE NEGARON A
HACERLO.

Capítulo 9
Un nuevo país

GEORGE WASHINGTON
A LOS 58 AÑOS

George Washington estaba viviendo de nuevo en su amada Virginia. Aún era el hombre más famoso de América, como lo había sido durante la guerra. Recibía a muchos visitantes en Mount Vernon. Todos querían conocer a "Su Excelencia".

¿Qué sacó a Washington de su retiro?

GEORGE Y MARTHA EN CASA CON DOS DE SUS NIETOS

El país se estaba hundiendo. El gobierno era débil. No tenía el poder de aumentar los impuestos, de controlar el comercio ni de establecer los límites nacionales.

Washington dijo que era "tan claro para mí como el ABC" que el nuevo país necesitaba un sistema mucho más fuerte. En 1787 se redactó la Constitución, durante una convención celebrada

LA CONVENCIÓN
CONSTITUCIONAL

en Filadelfia. Establecía el tipo de gobierno que
deseaba Washington. Habría tres ramas del poder:
un presidente fuerte, un Congreso que aprobara
las leyes, y una Corte Suprema para decidir si las
leyes eran justas. Ninguna rama tendría demasiado
poder.

Incluso antes de que se celebrara la primera
elección presidencial, todos sabían que George
Washington ganaría.

El sistema de las elecciones era muy diferente
al de ahora. Se elegían electores de los diferentes
estados. Cada uno tenía dos votos. Todos votaron
por Washington y fue elegido presidente. John
Adams fue segundo, con treinta y cuatro votos, y
fue elegido vicepresidente.

George Washington recibió la noticia el 14 abril
de 1789. Dos días después se dirigió a Nueva York,
la capital temporal. Allí juró como presidente. Dijo

AYUNTAMIENTO FEDERAL
EN NUEVA YORK

que no había "palabras para expresar" la ansiedad
que sentía, y que estaba "caminando en un terreno
inexplorado". Se refería a que no tenía un camino
a seguir, porque nadie había sido presidente antes
que él.

BOTONES
CONMEMORATIVOS DE
LA PRESIDENCIA DE
GEORGE WASHINGTON

ADELANTE   ATRÁS

George Washington juró en un balcón en el
ayuntamiento federal. Dijo, "Juro solemnemente
que desempeñaré fielmente el cargo de presidente
de los Estados Unidos, y que haré lo que esté a

mi alcance para preservar, proteger y defender la Constitución de los Estados Unidos". Todos los presidentes estadounidenses han hecho ese mismo juramento. Nadie sabía cómo llamar al presidente. John Adams sugirió "Su Alteza Electiva". Otros sugirieron "Su Alteza" o "Majestad". A Washington no le gustaba ningún título que sonara como si él fuera un rey, y finalmente decidió que bastaría con "Señor Presidente".

El trabajo de un presidente sigue siendo en muchos sentidos lo que George Washington hizo de este cargo. El presidente está a cargo de la política exterior. Esto significa las relaciones de Estados Unidos con otros países. El presidente presenta un presupuesto al Congreso, pidiendo dinero para que el gobierno pueda funcionar. El Presidente es el comandante en jefe de las Fuerzas Armadas. El presidente elige un gabinete, que son personas que lo asesoran en temas importantes.

El Presidente también nombra jueces, incluyendo a los jueces de la Corte Suprema, que sirven de por vida. (Cuando un juez de la Corte Suprema muere, renuncia o se retira, se nombra a uno nuevo).

EL GABINETE DE WASHINGTON

ALEXANDER HAMILTON, SECRETARIO DEL TESORO

HENRY KNOX, SECRETARIO DE GUERRA

THOMAS JEFFERSON, SECRETARIO DE ESTADO

EDMUND RANDOLPH, FISCAL GENERAL

GEORGE
A LOS 66
AÑOS

Cuando Washington cumplió su primer término de cuatro años en 1793, estaba listo para retirarse. Tenía más de sesenta años y el pelo blanco. Sus dientes le dolían más que nunca. Y había contraído neumonía.

Pero el país aún era muy nuevo y frágil. Thomas Jefferson y otros querían que Washington permaneciera otros cuatro años en el poder. Los Estados Unidos serían un poco más viejos y fuertes.

Cuando los electores depositaron sus votos, Washington ganó una vez más. Y John Adams ocupó de nuevo el segundo lugar.

El segundo mandato de Washington como presidente fue infeliz casi desde el comienzo. Los granjeros se rebelaron brevemente porque no querían pagar ciertos impuestos sobre el maíz.

GRANJEROS ENOJADOS ATACAN A UN RECOLECTOR DE IMPUESTOS

Washington firmó un nuevo tratado con los británicos y esto lo hizo muy impopular. Pero quería evitar otra guerra con los británicos mientras el país seguía sufriendo "problemas de crecimiento". Un periódico llegó al extremo de llamar a Washington un hipócrita y un falso patriota. Los insultos personales dolían mucho a Washington.

La única parte que le gustó de su trabajo fue planear la nueva capital. La primera capital fue Nueva York y la segunda Filadelfia. La nueva se llamó la ciudad de Washington y no estaba lejos de Mount Vernon. Washington se encargó de construir el nuevo hogar de los presidentes. Desgraciadamente, fue el único presidente que nunca pudo vivir en la Casa Blanca.

PLANOS PARA LA NUEVA CAPITAL, WASHINGTON, D.C.

JAMES HOBAN, UN IRLANDÉS QUE VIVÍA EN CHARLESTON, CAROLINA DEL SUR, GANÓ EL CONCURSO PRESIDIDO POR GEORGE WASHINGTON PARA DISEÑAR LA CASA BLANCA.

Cuando estaba cerca de finalizar su segundo término presidencial, Washington estaba decidido a abandonar el gobierno. Escribió un "discurso de despedida" que fue publicado en los periódicos del país. Pensaba que dos términos eran suficientes para un presidente. Era importante entregarle el poder al próximo presidente. Así es como se hacen las cosas en una república. El rey George III había dicho que si Washington decidía entregar el poder, "sería el hombre más grande de la tierra".

Y eso fue lo que hizo exactamente.

Se retiró por tercera y última vez. Pero infortunadamente, no pudo disfrutar mucho tiempo de la paz de Mount Vernon. El 12 de diciembre de 1799 fue un día frío y lluvioso. Como de costumbre, Washington regresó a casa después de trabajar muchas horas en la granja. No se molestó en cambiarse su ropa mojada antes de cenar. Dos días después contrajo una fuerte infección en la garganta. "Creo que me estoy yendo", le susurró a Martha. Y después de tomarse el pulso, George Washington murió a los sesenta y siete años.

GEORGE EN SU
LECHO DE MUERTE

Martha insistió en realizar un funeral y un entierro simples en Mount Vernon. Sin embargo, en todo el país se hicieron homenajes a George Washington. El país sintió una pérdida terrible. Parecía casi imposible pensar en la joven nación de Estados Unidos sin George Washington.

De inmediato, el Congreso planeó construir un monumento en su honor. (Ningún monumento en Washington, D.C. puede ser más alto que el monumento a Washington, que fue terminado en 1880). Y cada febrero, se celebra un día festivo en honor al nacimiento de George Washington.

EL MONUMENTO A WASHINGTON

CUANDO FUE CONSTRUIDO, ERA LA ESTRUCTURA MÁS ALTA DEL MUNDO FABRICADA POR EL HOMBRE.

MONTE
RUSHMORE

George
Washington   Thomas
             Jefferson
                        Abraham
                        Lincoln
                  Theodore
                  Roosevelt

Los rostros grabados en el monte Rushmore en Dakota del Sur son obra de Gutzon Borglum, quien tardó catorce años en completarlos.

George Washington es tan famoso que a veces parece ser más un monumento que un hombre de carne y hueso. Lo asociamos con la imagen de los billetes de un dólar y las monedas de veinticinco centavos.

Sin embargo, él era tan humano como cualquier persona. Vivió en una época sorprendente y dejó su marca en nuestro país como nadie lo ha hecho. Tal vez el mejor honor provino de Harry Lee, otro firmante de la Declaración de Independencia, quien elogió, "el recuerdo del Hombre, primero en la guerra, primero en la paz, y primero en los corazones de sus compatriotas".

CRONOLOGÍA EN LA VIDA DE
GEORGE WASHINGTON

1732	George nace el 22 febrero
1746	George se muda a Mount Vernon
1752	Muere Lawrence, el hermano de George
1754	George es teniente coronel durante la Guerra francesa e india
1759	George se casa el 6 enero con Martha Dandridge Custis
1773	Patsy, la hija de Martha, muere a los diecisiete años
1775	Comienza la Revolución Americana y George asume el mando del Ejército Continental. Se celebra el segundo Congreso Continental.
1777	Invierno en Valley Forge, Pensilvania
1781	Jacky, el hijo de Martha, muere a los veintiséis años
1783	Termina la Revolución Americana
1787	George asiste a la convención de Filadelfia para redactar la Constitución de los Estados Unidos
1789	George se convierte en el primer presidente de los Estados Unidos
1792	George es reelegido como presidente
1797	George se retira a Mount Vernon
1799	George muere en Mount Vernon el 14 diciembre, a los sesenta y siete años
1802	Martha muere en Mount Vernon el 22 mayo, a los setenta y un años

CRONOLOGÍA DEL MUNDO

Benjamin Franklin descubre la naturaleza eléctrica — **1752**
del rayo e inventa el pararrayos

La Guerra francesa e india comienza en América — **1754**

George III asume el trono en Inglaterra — **1760**

El Parlamento británico aprueba la Ley del Timbre — **1765**

Se construye el primer andén pavimentado — **1766**
en Londres, Inglaterra

El Motín del Té en Boston — **1773**

Luis XVI es nombrado rey de Francia — **1774**

Comienza la Revolución Americana — **1775**

Se funda la ciudad de San Francisco — **1776**

Los franceses deciden ayudar a los americanos — **1778**
a derrotar a los ingleses

La victoria de Washington en Yorktown marca el fin — **1781**
de la lucha por la Revolución Americana

Se ensaya el primer paracaídas — **1783**

Estalla la Revolución francesa. Muchos aristócratas — **1789**
franceses son ejecutados

Comienza la construcción de la Casa Blanca — **1792**

El rey Luis XVI y su esposa María Antonieta son decapitados — **1793**

John Adams es elegido presidente de los Estados Unidos, — **1797**
y Thomas Jefferson vicepresidente

BIBLIOGRAFÍA

Buller, Jon, et al. **Smart about the Presidents.** Grosset & Dunlap, New York, 2004.

Calkhoven, Laurie. **George Washington: An American Life.** Sterling Publishing Company, New York, 2006.

Jurmain, Suzanne Tripp. **George Did It.** Dutton Children's Books, New York, 2006.

Krull, Kathleen. **Lives of the Presidents.** Harcourt Trade, California, 1998.

Marrin, Albert. **George Washington & the Founding of a Nation.** Dutton Children's Books, New York, 2001.